Good night, Tim! We'll continue searching tomorrow.
Now sleep tight!

Nag, Tim. Ons sal môre verder soek.
Slaap nou lekker!

My Bilingual Picture Book

My Tweetalige Prenteboek

Sefa's most beautiful children's stories in one volume

Ulrich Renz • Barbara Brinkmann:

Sleep Tight, Little Wolf · Lekker slaap, wolfie

For ages 2 and up

Cornelia Haas • Ulrich Renz:

My Most Beautiful Dream · My allermooiste droom

For ages 2 and up

Ulrich Renz • Marc Robitzky:

The Wild Swans · Die wilde swane

Based on a fairy tale by Hans Christian Andersen

For ages 5 and up

© 2024 by Sefa Verlag Kirsten Bödeker, Lübeck, Germany. www.sefa-verlag.de

Special thanks to Paul Bödeker, Freiburg, Germany

All rights reserved.

ISBN: 9783756304240

Read · Listen · Understand

Sleep Tight, Little Wolf
Lekker slaap, wolfie

Ulrich Renz / Barbara Brinkmann

English — bilingual — Afrikaans

Translation:

Pete Savill (English)

Hans Huyssen (Afrikaans)

Audiobook and video:

www.sefa-bilingual.com/bonus

Password for free access:

English: `LWEN1423`

Afrikaans: `LWAF1015`

It is already dark outside.

Buite is dit al donker.

What is Tim doing?

Wat doen Tim dan nou?

He is leaving for the playground.

What is he looking for there?

Hy gaan uit na die speelparkie toe.

Wat soek hy daar?

The little wolf!

He can't sleep without it.

Die klein wolfie!

Hy kan nie sonder hom slaap nie.

Who's this coming?

Wie kom nou hier aan?

Marie! She's looking for her ball.

Marie! Sy soek haar bal.

And what is Tobi looking for?

En wat soek Tobi?

His digger.

Sy graafmasjien.

And what is Nala looking for?

En wat soek Nala?

Her doll.

Haar pop.

Don't the children have to go to bed?

The cat is rather surprised.

Moet die kinders nie bed toe gaan nie?

Die kat is baie verbaas.

Who's coming now?

En wie kom nou hier aan?

Tim's mum and dad!
They can't sleep without their Tim.

Tim se ma en pa!
Sonder hulle Tim kan hulle nie slaap nie.

More of them are coming! Marie's dad.
Tobi's grandpa. And Nala's mum.

En daar kom nog meer! Marie se pa.
Tobi se oupa. En Nala se ma.

Now hurry to bed everyone!

Nou vinnig bed toe!

Good night, Tim!

Tomorrow we won't have to search any longer.

Nag, Tim!

Môre hoef ons nie weer te soek nie.

Sleep tight, little wolf!

Lekker slaap, wolfie.

Cornelia Haas • Ulrich Renz

My Most Beautiful Dream

My allermooiste droom

Translation:

Sefâ Jesse Konuk Agnew (English)

Ingrid Lezar (Afrikaans)

Audiobook and video:

www.sefa-bilingual.com/bonus

Password for free access:

English: **BDEN1423**

Afrikaans: **BDAF1015**

My Most Beautiful Dream
My allermooiste droom

Cornelia Haas · Ulrich Renz

English bilingual Afrikaans

Lulu can't fall asleep. Everyone else is dreaming already – the shark, the elephant, the little mouse, the dragon, the kangaroo, the knight, the monkey, the pilot. And the lion cub. Even the bear has trouble keeping his eyes open …

Hey bear, will you take me along into your dream?

Lulu kan nie aan die slaap raak nie. Al die ander is reeds in droomland – die haai, die olifant, die klein muis, die draak, die kangaroe, die ridder, die apie, die vlieënier. En die leeuwelpie.
Ook die beer se oë val amper toe …
Ag Beer, neem my tog saam in jou droom?

And with that, Lulu finds herself in bear dreamland. The bear catches fish in Lake Tagayumi. And Lulu wonders, who could be living up there in the trees?

When the dream is over, Lulu wants to go on another adventure. Come along, let's visit the shark! What could he be dreaming?

Meteens bevind Lulu haar in Beerdroomland. Die beer vang vis in Tagayumi-meer. En Lulu wonder: Wie sou daar bo in die bome woon?
Toe die droom verby is, wil Lulu op nog 'n avontuur gaan. Kom saam, ons gaan kuier by die haai! Waaroor sou hy dan droom?

The shark plays tag with the fish. Finally he's got some friends! Nobody's afraid of his sharp teeth.

When the dream is over, Lulu wants to go on another adventure. Come along, let's visit the elephant! What could he be dreaming?

Die haai speel aan-aan met die visse. Uiteindelik het hy maats! Niemand is bang vir sy skerp tande nie.

Toe die droom verby is, wil Lulu op nog 'n avontuur gaan. Kom saam, ons gaan kuier by die olifant! Waaroor sou hy dan droom?

The elephant is as light as a feather and can fly! He's about to land on the celestial meadow.

When the dream is over, Lulu wants to go on another adventure. Come along, let's visit the little mouse! What could she be dreaming?

Die olifant is so lig soos 'n veer en kan vlieg! Hy gaan nou op die hemelse grasvlakte land.
Toe die droom verby is, wil Lulu op nog 'n avontuur gaan. Kom saam, ons gaan kuier by die klein muis! Waaroor sou sy dan droom?

The little mouse watches the fair. She likes the roller coaster best. When the dream is over, Lulu wants to go on another adventure. Come along, let's visit the dragon! What could she be dreaming?

Die klein muis bekyk die pretpark. Sy hou die meeste van die tuimeltrein. Toe die droom verby is, wil Lulu op nog 'n avontuur gaan. Kom saam, ons gaan kuier by die draak! Waaroor sou hy dan droom?

The dragon is thirsty from spitting fire. She'd like to drink up the whole lemonade lake.

When the dream is over, Lulu wants to go on another adventure. Come along, let's visit the kangaroo! What could she be dreaming?

Die draak is dors van vuur spoeg. Hy sou graag die hele limonademeer wou opdrink.

Toe die droom verby is, wil Lulu op nog 'n avontuur gaan. Kom saam, ons gaan kuier by die kangaroe! Waaroor sou sy dan droom?

The kangaroo jumps around the candy factory and fills her pouch. Even more of the blue sweets! And more lollipops! And chocolate!

When the dream is over, Lulu wants to go on another adventure. Come along, let's visit the knight! What could he be dreaming?

Die kangaroe spring deur die lekkergoedfabriek en prop haar buidel vol.
Nog meer van die blou lekkers! En meer suigstokkies! En sjokolade!
Toe die droom verby is, wil Lulu op nog 'n avontuur gaan. Kom saam, ons gaan kuier by die ridder! Waaroor sou hy dan droom?

The knight is having a cake fight with his dream princess. Oops! The whipped cream cake has gone the wrong way!
When the dream is over, Lulu wants to go on another adventure. Come along, let's visit the monkey! What could he be dreaming?

Die ridder hou 'n koekgeveg met sy droomprinses. Oeps! Die roomkoek is mis!

Toe die droom verby is, wil Lulu op nog 'n avontuur gaan. Kom saam, ons gaan kuier by die apie! Waaroor sou hy dan droom?

Snow has finally fallen in Monkeyland. The whole barrel of monkeys is beside itself and getting up to monkey business.

When the dream is over, Lulu wants to go on another adventure. Come along, let's visit the pilot! In which dream could he have landed?

Uiteindelik het dit tog 'n keer in Apieland gesneeu. Die hele spul apies is uit hulle nate en vol aapstreke.

Toe die droom verby is, wil Lulu op nog 'n avontuur gaan. Kom saam, ons gaan kuier by die vlieënier! In watter droom het hy dalk geland?

The pilot flies on and on. To the ends of the earth, and even farther, right on up to the stars. No other pilot has ever managed that.

When the dream is over, everybody is very tired and doesn't feel like going on many adventures anymore. But they'd still like to visit the lion cub.

What could she be dreaming?

Die vlieënier vlieg en vlieg. Tot aan die einde van die wêreld, en selfs nog verder, tot by die sterre. Geen ander vlieënier het dit al ooit reggekry nie. Toe die droom verby is, is almal alreeds baie moeg en wil niemand meer op avonture gaan nie. Maar hulle wil tog nog by die leeuwelpie gaan kuier. Waaroor sou hy dan droom?

The lion cub is homesick and wants to go back to the warm, cozy bed. And so do the others.

And thus begins ...

Die leeuwelpie verlang huis toe en wil teruggaan na die warm, snoesige bed.
En die ander wil ook.

En so begin ...

... Lulu's
most beautiful dream.

... Lulu se allermooiste droom.

Ulrich Renz • Marc Robitzky

The Wild Swans

Die wilde swane

Translation:

Ludwig Blohm, Pete Savill (English)

Ingrid Lezar (Afrikaans)

Audiobook and video:

www.sefa-bilingual.com/bonus

Password for free access:

English: **WSEN1423**

Afrikaans: **WSAF1015**

Ulrich Renz · Marc Robitzky

The Wild Swans

Die wilde swane

Based on a fairy tale by

Hans Christian Andersen

+ audio   + video

English · bilingual · Afrikaans

Once upon a time there were twelve royal children – eleven brothers and one older sister, Elisa. They lived happily in a beautiful castle.

Eendag lank, lank gelede was daar twaalf koninklike kinders – elf broers en hulle een ouer suster, Elisa. Hulle het gelukkig saamgewoon in 'n pragtige kasteel.

One day the mother died, and some time later the king married again. The new wife, however, was an evil witch. She turned the eleven princes into swans and sent them far away to a distant land beyond the large forest.

Op 'n dag het hulle ma gesterf, en ná 'n ruk het die koning weer getrou. Sy nuwe vrou was egter 'n bose heks. Sy het die elf prinse in swane verander en hulle vêr weggestuur, na 'n afgeleë land anderkant die groot woud.

She dressed the girl in rags and smeared an ointment onto her face that turned her so ugly, that even her own father no longer recognized her and chased her out of the castle. Elisa ran into the dark forest.

Sy het die meisie in vodde geklee en 'n aaklige salf aan haar gesig gesmeer wat haar so lelik gemaak het dat selfs haar eie pa haar nie meer herken het nie en uit die kasteel gejaag het. Elisa het in die donker woud ingehardloop.

Now she was all alone, and longed for her missing brothers from the depths of her soul. As the evening came, she made herself a bed of moss under the trees.

Sy was nou stoksielalleen en het uit die dieptes van haar siel na haar verlore broers verlang. Toe dit aand word, het sy vir haar uit mos 'n bed onder die bome gemaak.

The next morning she came to a calm lake and was shocked when she saw her reflection in it. But once she had washed, she was the most beautiful princess under the sun.

Die volgende oggend het sy op 'n kalm meer afgekom en toe sy haar weerkaatsing daarin sien, het sy geskrik. Maar nadat sy haarself gewas het, was sy die mooiste koningskind onder die son.

After many days Elisa reached the great sea. Eleven swan feathers were bobbing on the waves.

Ná vele dae het Elisa die groot see bereik. Elf swaanvere het op die branders gedobber.

As the sun set, there was a swooshing noise in the air and eleven wild swans landed on the water. Elisa immediately recognized her enchanted brothers. They spoke swan language and because of this she could not understand them.

Toe die son begin sak, was daar 'n gedruis in die lug en elf swane het op die water kom land. Elisa het onmiddellik haar betowerde broers herken. Maar omdat hulle swanetaal gepraat het, kon sy hulle nie verstaan nie.

During the day the swans flew away, and at night the siblings snuggled up together in a cave.

One night Elisa had a strange dream: Her mother told her how she could release her brothers from the spell. She should knit shirts from stinging nettles and throw one over each of the swans. Until then, however, she was not allowed to speak a word, or else her brothers would die.
Elisa set to work immediately. Although her hands were burning as if they were on fire, she carried on knitting tirelessly.

Bedags het die swane weggevlieg; snags het die broers en hulle suster styf teen mekaar in 'n grot gelê.

Een nag het Elisa 'n eienaardige droom gehad: Haar ma het haar vertel hoe sy haar broers van die betowering kon bevry. Sy moes hempies uit brandnetels brei en een oor elke swaan gooi. Tot dan kon sy egter nie 'n enkele woord praat nie, anders sou haar broers sterf.
Elisa het onmiddellik aan die werk gespring. Alhoewel haar hande soos vuur gebrand het, het sy onvermoeid aanhou brei.

One day hunting horns sounded in the distance. A prince came riding along with his entourage and he soon stood in front of her. As they looked into each other's eyes, they fell in love.

Op 'n dag het jaghorings in die vêrte opgeklink. 'n Prins het met sy gevolg aangery gekom en kort voor lank het hy voor haar gestaan. Toe hulle in mekaar se oë gekyk het, het hulle verlief geraak.

The prince lifted Elisa onto his horse and rode to his castle with her.

Die prins het Elisa op sy perd getel en met haar na sy kasteel gery.

The mighty treasurer was anything but pleased with the arrival of the silent beauty. His own daughter was meant to become the prince's bride.

Die magtige skatmeester was allesbehalwe ingenome met die aankoms van die swygende skoonheid. Sy eie dogter was veronderstel om die prins se bruid te word.

Elisa had not forgotten her brothers. Every evening she continued working on the shirts. One night she went out to the cemetery to gather fresh nettles. While doing so she was secretly watched by the treasurer.

Elisa het haar broers nie vergeet nie. Elke aand het sy aanhou werk aan die hempies. Een nag het sy uitgegaan na die begraafplaas om vars brandnetels te pluk. Terwyl sy besig was, het die skatmeester haar heimlik dopgehou.

As soon as the prince was away on a hunting trip, the treasurer had Elisa thrown into the dungeon. He claimed that she was a witch who met with other witches at night.

Die oomblik wat die prins op 'n jagtog vertrek het, het die skatmeester Elisa in die kerker laat gooi. Hy het beweer dat sy 'n heks is wat saans met ander hekse vergader.

At dawn, Elisa was fetched by the guards. She was going to be burned to death at the marketplace.

Met dagbreek word Elisa toe deur die wagte gehaal. Sy sou op die markplein verbrand word.

No sooner had she arrived there, when suddenly eleven white swans came flying towards her. Elisa quickly threw a shirt over each of them. Shortly thereafter all her brothers stood before her in human form. Only the smallest, whose shirt had not been quite finished, still had a wing in place of one arm.

Sy het skaars daar aangekom toe elf wit swane skielik op haar afvlieg. Elisa het gou-gou 'n hempie oor elkeen van hulle gegooi. In 'n oogwink het al haar broers voor haar gestaan in hulle menslike vorm. Net die kleinste een, wie se hempie nog nie heeltemal klaar was nie, het 'n vlerk in plaas van een arm gehad.

The siblings' joyous hugging and kissing hadn't yet finished as the prince returned. At last Elisa could explain everything to him. The prince had the evil treasurer thrown into the dungeon. And after that the wedding was celebrated for seven days.

And they all lived happily ever after.

Elisa en haar broers was steeds besig om mekaar vreugdevol te omhels toe die prins terugkeer. Uiteindelik kon sy alles aan hom verduidelik. Die prins het die bose skatmeester in die kerker laat gooi. En daarna is die bruilof sewe dae lank gevier.

En almal het lank en gelukkig saamgeleef.

Hans Christian Andersen

Hans Christian Andersen was born in the Danish city of Odense in 1805, and died in 1875 in Copenhagen. He gained world fame with his literary fairy-tales such as „The Little Mermaid", „The Emperor's New Clothes" and „The Ugly Duckling". The tale at hand, „The Wild Swans", was first published in 1838. It has been translated into more than one hundred languages and adapted for a wide range of media including theater, film and musical.

Barbara Brinkmann was born in Munich in 1969 and grew up in the foothills of the Bavarian Alps. She studied architecture in Munich and is currently a research associate in the Department of Architecture at the Technical University of Munich. She also works as a freelance graphic designer, illustrator, and author.

Cornelia Haas has been illustrating childrens' and adolescents' books since 2001. She was born near Augsburg, Germany, in 1972. She studied design at the Münster University of Applied Sciences and is currently a professor on the faculty of Münster University of Applied Sciences teaching illustration.

Marc Robitzky, born in 1973, studied at the Technical School of Art in Hamburg and the Academy of Visual Arts in Frankfurt. He works as a freelance illustrator and communication designer in Aschaffenburg (Germany).

Ulrich Renz was born in Stuttgart, Germany, in 1960. After studying French literature in Paris he graduated from medical school in Lübeck and worked as head of a scientific publishing company. He is now a writer of non-fiction books as well as children's fiction books.

Do you like drawing?

Here are the pictures from the story to color in:

www.sefa-bilingual.com/coloring